JN440420

2013년 노트북 특선

영혼의 산책

박 소 월 詩集

영혼의 산책

인 쇄: 초판인쇄 2013년 04월 20일
인 쇄: 초판인쇄 2013년 04월 25일
지은이: 박소월
펴낸이: 윤기영
편 집: 정설연
펴낸곳: 도서출판 노트북
등 록: 제 305-2012-000048호
본 사: 서울시 동대문구 사가정로 256. 나동 비101호
전 화: 070-8887-8233 팩시밀리 02-844-5756
이메일: hdpoem55@hanmail.net

정 가: 10.000원
ISBN: 978-89-92687-41-6-03810

영혼의 산책

박소월

도서출판 노트북

서 문

오늘 빛 좋은 마당에 나가 꽃향기에 취하고 하얀 나비 노랑나비 따라 이곳저곳을 기웃거려 보았습니다. 행복이 햇볕처럼 내리쬔 좋은 봄날입니다.

새해를 맞아 첫 시집을 냈었고, 새봄을 맞아 2집을 내게 되었습니다만, 마음은 언제나 신학기를 맞이한 새내기처럼 쿵쾅거리기만 합니다. 학교가 뭔지도 모르고 입학한 아이가 점점 공부의 심각함을 깨닫기 시작하듯 저에게도 선배들이 까마득히 높아 보이고 저 자신은 한없이 낮은 절망감을 느끼곤 합니다. 제가 가는 길이 얼마나 먼 길인지 제가 짊어진 소월이라는 무게가 얼마나 무거운지 새삼 두려움이 앞섭니다. 이제 그 아득한 절망의 끝에서 툭툭 털고 일어나 새로운 희망을 노래하려 합니다. 비록 가다가 다 가지 못하더라도 비록 그 무게에 눌려 질식하더라도 그 길을 가려 합니다. 제가 무엇을 하든 항상 옆에서 격려해 주는 사랑스러운 가족, 친구, 선후배님, 직장 동료, 동네 분들께 감사드립니다. 그분들이 계시기에 힘을 얻고 새로운 도전을 꿈꿉니다. 제 시의 소재가 되어준 풀 한 포기 나무 한 그루에도 감사의 마음을 전합니다. 겨울 내내 찬바람만 불더니 참으로 오랜만에 따듯한 남풍이 불어옵니다. 꽃잎이 열리고 물길이 열리고 얼어붙었던 제 마음도 열립니다. 산책하다 흰나비를 만났습니다. 쫓아가다 보니 노랑나비를 만나는 행운도 얻었습니다. 들로 산으로 바다로 나가서 새봄을 가슴 가득 맞이하세요. 행복이 봄 햇살처럼 쏟아져 들어올 것입니다. 여러분께 따스한 봄 햇살처럼 좋은 일들만 늘 함께하기를 바랍니다. 행복하세요. 감사합니다.

어느 봄날 오포에서 박소월

목 차

poem박소월

1부. 연어

화목花木...12
붕어빵...13
국화빵...14
친구...15
전우에게...16
술친구...17
달과 술 마신 날...18
청춘의 미로...19
색소폰...20
외출...21
세월의 숲길...22
서예書藝...23
열정...24
밥 먹여주기...25
도둑고양이...26
가을이 여문다...27
백합꽃...28
갈대밭...29
폭설...30
두근거림...31
임 생각...32
소망...33

2부 실루엣

귀향歸鄕...36
생과 사...37
너무 늦게...38
그리움이 꽃피우면...39
어미의 사랑...40
삶이라면...41
휴전선엔...42
노땅...43
석양이 내게 물었다...44
능소화...45
봄밤...46
돌탑...47
생명의 소리...48
내일...50
헌혈...51
크리스마스...52
친절해지기...53
누구를 위하여...54
상사라면...55
주당...56
와인...57

3부 심연

김삿갓 무덤에서...60
상심...61
슬픈 족속...62
그림자...63
비...64
조간신문...65
찬달...66
집 정리...67
낙화落花...68
젊은이에게...69
인생人生...70
윤회輪廻...71
공부...72
초콜릿도...73
상상...74
겨울 안개...75
바닷가 추억...76
소나기 · 2...77
이름 없는 묘지 無名墓...78
바이올리니스트...80
성묘...81
절개지切開地...82
도사導師...83

4부 동행

기차를 탔다...86
미로...87
산시山詩...88
詩쓰기...89
시집 · 1...90
시집 · 2...91
귀천歸天...92
겨울바다...93
연기...94
겨울 산...95
이포 보에서...96
제부도...97
등대...98
구로다 나쓰코 씨에게 바침...99
산이 좋아라 · 1...100
산이 좋아라 · 2...101
행복...102
보름달이 뜨면...103
청춘...104
나를 죽이기...105
알짜...106
달의 실루엣...107

[작품해설]
문학의 회귀성을 꿈꾸다_이상미...110

1부 연어

화목火木

내 생을 태울
땔감을 구하기 위해
한 그루 사랑을 심었는데

혹여 누가 뽑아 갈까 봐
인적이 드문
가슴 한편에 다시 옮겨 심는다

사람의 손이 타지 않는
언젠가 아랫목 따듯할 날을 위해

몇 해의 겨울과
몇 번의 산을 넘어야 하겠지
그 사이 내 속은
땔감보다 더 시커멓게 타들어 가겠지.

붕어빵

가난한 시절
어부도 아닌 아버지가 손쉽게 잡아오던

붕어는 본래 물고기가 아니었다
뼈대 없는 가난한 기억이었다

서울로와
살기 위해 붕어빵을 판다

어부도 아닌 아버지가
앞내가
그 얕은 가난 때문에
다시 붕어를 잡는다.

국화빵

국화라는 말속에는
언어로 되기 전의 낱말기호 같은
노란 작은 혀가 숨어있다
불량 식품처럼
몰래 시간을 팔고 가던
초등학교 시절은
참 싸고도 맛있게 지나갔다
혼 줄이 몇 번이나 나고서야
국화처럼
나도 조금씩 꽃피기 시작했다
아무도 몰랐던 꽃 이름이
가끔씩 노릇노릇 기억이 난다.

친구

뉘엿뉘엿 석양이 진다
친구야
오늘은 엽서를 보낼 수 있구나

오랜만에 겨울이
눈앞에서 익어가고
군고구마
그 흔한 맛처럼
우리 참 익숙해져 있었구나

중년은
다시 돌아갈 수 있는 나이라고
모닥불처럼
다시 우정을 피우니
교복 입은 그때처럼
거짓말까지도 그립구나.

전우에게

칠월의 훈련장은
몸보다 마음이 먼저 말을 걸었다
화생방보다 더
청춘이 우리에겐 혹독했지만
지옥이기에
우린 같이 넘을 수 있었다

전우야
어디에도 없는 그 문으로
마음을 열고 들어왔는지
세월이 흘러도 그날의 기억이
가슴까지 저며 오는구나

다시 만나 부르는
군조가 속에서
아직도 끓는 그날의 피를 확인하자
담배 연기 같은 애틋한 인연을 기억하자꾸나.

술친구

한잔도 안 되는
철이 들지 않는 친구는
꼭 본심만 말한다

나보다 먼저 신발을 신고
자기 생을 미리 계산도 한다

어젠 그의 생에서 하루를 빼야 했다
외상장부가 잠시 그를 빌려 갔다
뒷모습이 오래 휘청거릴수록
우린 오래 취했다

다 마셔도 한 병도 안 되는 세상.

달과 술 마신 날

내가 술을 마시자
달이 부풀어 오르기 시작한다

몸이 자꾸 가파른 쪽으로 가자
슬그머니 소나무 가지를 흔들기 시작했다
세상은 저절로 익는 거였다

좀처럼 정신을 잃지 않는
달과 한잔해보면 안다

내일 또 달이 뜨면
나는 또 집에 가지 못할 것 같다.

청춘의 미로

여전히 생은 단순하고 복잡하다
돌이킬 수 없는 것들로
청춘은 흘러간다

해가 뜨고
또다시 살짜기 봄은 온다

산수유나무 아래
내가 걸어간다

만약 다시 갈 수 있다 해도
또다시 헤맬 것이다.

색소폰

그가 나를 찾아왔다

노란 저녁의 바다 소리를 빌려 입고
노을의 빈자리
몇 폭의 간격으로 다녀가는 썰물
나는 잠시 나의 국적을 잊고
그의 소리를 따라간다

지옥처럼 빠져드는
금속 같은 사랑의 시작이다.

외출

뭔가 있을 것 같다
저 문밖에는
빈 지갑이지만
마음은 두둑하게

몇 발자국도 떼지 않았는데
다시 집이 궁금해진다

대문을 사이에 두고
몸과 마음이
실랑이를 한다.

세월의 숲길

오십 대 중반의 숲길
홀로 걷다 보면
나만큼 자란 나무들의
희끗한 머리가 보인다

이제는
길도 잃어버리지 않는
청춘의 감성이
하얀 그리움

다시 중년의 숲길에서
그때처럼 누군가 다시 불러준다면.

서예書藝

순백의 화선지
붓의 손끝이 떨린다
먹의 마음인가
조심스레 한 획을 긋는다

모두 다 잊고
초심으로
한 모퉁이 도는데
어언 오십여 년

무릎 꿇고 앉아
어렵사리 쓴 글자 하나
빌 공(空)…….

열정

식지 않는 아궁이처럼
자궁의 본능으로

석양을 붉게 물들이는
색의 힘으로

늙은 얼음장 속에서 싹 틔우는
고목의 열정으로

나를 태우는 힘으로.

밥 먹여주기

보리 고양이가
배고프다고 야옹야옹
한 됫박 울음을 운다

그 울음소리가
질지도 되지도 않게
하루 세끼처럼 들린다

울음을 밥처럼 먹고 사는 녀석
애처로워
오늘은 밥을 먹여주었다

문득 나도
내 허기를 바라보는
또 하나의 눈을 두리번거린다.

도둑고양이

밤이
모가지 길게 빼고
허기진 눈빛으로 다닌다

어둠 한잔 걸친 듯
다리에 힘이 풀리었다

차라리
어슬렁 꿈속으로나
기어가리.

가을이 여문다

터질 듯 빼곡한
옥수수 알곡

달무리 가득한
보름달

단지 같은
여인의 뒷모습

가을이 여무는 소리.

백합꽃

가슴 참으로
오롯이 피었구나

제쳐보니
온아함까지
눈동자와 머릿결 또한
나무랄 데 없구나

그런 순결과 도도함이라면
그 많은 꽃 중에
너를
백합이라 칭하겠다.

갈대밭

초여름 갈대밭에
소금달빛 가득하네

금빛향기 우수수
어둠이 쓸어가네

다시는 오지 않을
멀리 떠난 사람 향해
안테나 같은
초여름 청춘을
마구 쏟아내고 있네.

폭설

빨간 지붕을 지나
파란 지붕,
녹색 지붕까지 점령한

당신이 내 마음에 내린 이후로는
세상이 온통 하얗게 보입니다그려.

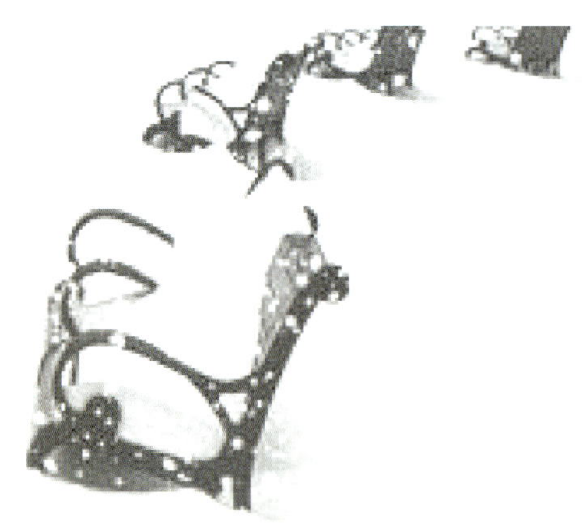

두근거림

불안이 두근거린다
이 증상은 불과 얼마 되지 않았다

처방전도 없는 이 소견은
우습게도 불치병이다
알약처럼 마음으로 털어 넣을 수도 없다
멀리서 그대의 발걸음 소리만 들려도
심장이 직감을 하니 말이다

고백은 나에게 긴 후유증을 남겼다
달빛과 별빛이 사방에서
오로지 우리만을 위해서 빛나주던 밤
난 고백했어야 했다
이불안을 어떻게 잡아야 할까.

임 생각

바다를 거닐다 보면요
다 잊었다고 생각했던 것들이
내 안에 소금기처럼
버섯거리는 것을 알게 됩니다

방금 그가 앉았다가 간 자리처럼
마음의 물기 축축합니다

언제나 마음은 막막했고
우리는 서로 먼 바다만 바라보았을지 모릅니다

아무도 마음을 건넌 사람은 없었답니다
그저 사랑을 항해할 뿐입니다.

소망

새벽이
먼동의 손을 잡고
경건하게
기도하는 순간

입을 다문
저 하늘과 바다가 합창하듯이
마음을 모아
아침을 이룩한다

천지가 말문을 연다.

2부 실루엣

귀향歸鄕

가난을 두 주먹 가득 움켜쥐고
그렇게 고향을 떠나왔네

세상은 생각대로 잘 펴지지 않았네
손금보다 더 복잡한 세상
너무 멀리 온 건 아닌지

봄의 울타리 자꾸 남쪽으로 기우는데
여전히 꽃이 피고 새가 우는 그곳
그때의 나는 소리로 남네
봄이 한창이네.

생과 사

죽고 사는 일
별거던가

마음먹기 나름이지
구름도 중립에 놓고 흘러가네

산다는 것은
죽음이 있어 더욱 찬란해

발길은 천상의
무덤가로 향하고

뒤돌아보니 인간 세상
안개만이 드리워져

올라갈까 내려갈까
그렇게 한세상 흘러가리.

너무 늦게

늦바람인가요

내 마음 두드리지만
꽃잎은 열지 못해요

살랑거리는 봄바람과
한여름의 뜨거움
내 마음 활짝 열고
온종일 기다렸는데
늦가을 바람으로
너무 늦게 오셨군요

반길 수는 없지만
섭섭함도 한 송이 꽃이랍니다.

그리움이 꽃피우면

아직 내 그리움은
여물지 않았습니다

곧 돌아올 나머지 시간은
당신 몫으로 돌리겠습니다

눈물보다 더 간절한
사랑은 씨가 없는 종자였습니다

더 이상 아무것도 심지 않겠다고 했는데
마음은 벌써 밭을 일구고 있습니다

시간이 철없이 지나면
이곳에 다시 풋풋한 꽃이 대궁을 피우겠지요

오로지 내 눈에만 보인다는
그리움의 꽃.

어미의 사랑

소슬한 늦가을 창가에
나방 한 마리 앉아있다

수천수만 번의 날갯짓 끝에 찾은
저 안식,

간신히 둥지 틀더니
알을 낳는다

가을을 부화한다
그대로 그렇게 어미 나방은
찬 서리 싸늘한 돌이 되겠지

봄 오면 제 주검으로
알콩달콩 새끼들을 품어주겠지.

삶이라면

손톱 물어뜯는 습관 때문에
청춘이 조금 짓물렀나 봅니다

꽉 끼는 신발 때문에
사랑에 발등이 찍혔나 봅니다

아무려면 어떤가요
스타킹보다 더 촘촘한
청춘을 다시 갈아 신을 수는 없지만
블루진 같은
한 벌 뿐인 청춘을 다시 구입할 수는 없지만
아무려면 어떤가요
이게 삶이라면.

휴전선엔

젊은 영혼 때문인가
이곳의 바람은 막자란 수염 같다

가시덤불을 제치면
이따금 비누냄새도 난다

누군가 잘 개어놓은 수건처럼
달이 보송한 밤이면
죽어서도 숫기 많은
사슴 같은 영혼들
이곳의 봄은
다 피어보지 못한 꽃들로 만발한다.

노땅

청춘들아
방황이 유세인 듯
무조건 흔들리지 마라
천 번을 더 흔들리면 어른이 된다고

책 제목처럼
젊은이들만 흔들리는 것은 아니지

내다 팔 청춘도 없는
이 땅의 노땅들은
흔들리는 자유조차 없다

혹여 너희가 흔들릴까 봐.

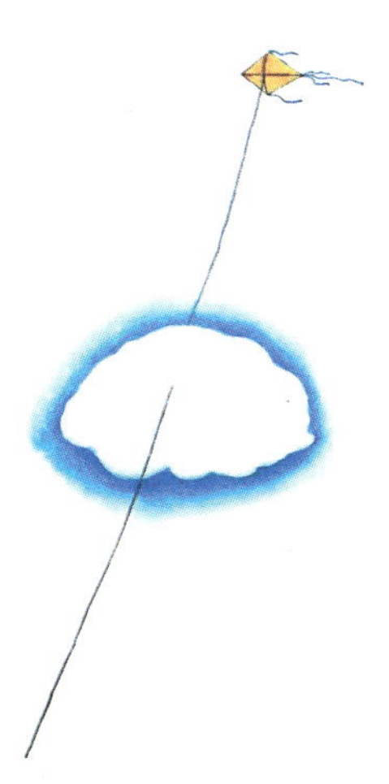

석양이 내게 물었다

해 질 녘 석양이 나에게 물었다

누군가의 어둠에
새벽빛 밝혀 주었느냐고

누군가의 희망을
싹 틔워주었느냐고

누군가를 위해
네 몸 불살라 주었느냐고

누군가의 뒷모습
아름답게 물들여 주었느냐고

누군가의 빛을 위해
네 빛을 감추어 주었느냐고

석양이 나에게 오늘 하루를
후회하지 않게 살았느냐고 물었다.

능소화

뜨거운
단 한 번의 사랑으로

꽃이 된 그녀의 이름
능소화

하룻밤 정사는 꿈처럼
짧았고

남겨진 눈물은 세월만큼
길었다.

봄밤

마침내
화려했던 꽃이 진다

춘정이 액체 되어
흘러넘친다

오래된 신부도
오늘 밤은 첫날밤

이렇게
봄밤은 깊어만 간다.

돌탑

참
어린
돌들이
층층이 모여
수천 행인들의
소망 종일 듣고 서 있네

편한 길 버리고 누더기를 입은 모습이
마침내 궁을 뛰쳐나온 맨발의 싯다르타 같네.

생명의 소리

고요하다
폭풍전야처럼
어둠까지도 한몫한다

궁 궁 광 광
꿍 꿍 꽝 꽝
쿵 쿵 쾅 쾅

위층에서
점점 세게 점점 세게
크레셴도로 새 생명 만드는 소리

드디어
절정에서 메조소프라노로
울부짖는 환희의 비명소리

고요함
샤워 소리
즐겁게 흐르는 웃음소리

부실한 건축이 들려주는
튼실한 생명의 소리
아파트는 생명을 만드는 공장이다.

내일

벌, 나비가 즐겨 찾고
새들이 노래하던 산수유가지
얼음조각 날카롭게 생살을 파헤친다

노래하던 실개천은
다시 흐를 기약 없이 얼어있다

생명의 흔적 없는
산야는 스산한데
석양은 눈물 되어 미끄러져 간다.

아, 숨 막히는 절망,
소리죽여 가며 칼바람을 견뎌내는 가지
흐르는 길을 묻는 물소리
단단히 인내하는 씨앗들
모두다 축제 같은 내일을 준비하고 있다.

헌혈

베풀어야 한다고 생각했건만
아직도 이기적이다

헌혈조차도
거부되는 핑계 탓을 할까 봐
새빨간 거짓으로 뭉쳐진 양심에게
주사기를 들여댔다

이제 욕심 그만 부리라고
뾰족한 주사기가 따끔하게 일러 준다

나만을 위해 살아온 세월
그 새빨간 탐욕을 듬뿍 덜어낸다.

크리스마스

오늘은
외딴집 빈 그림자 한 조각을
서슴없이 자르겠습니다

눈발에 쿨럭이고 서 있는
아직은 미혼인 저녁
그 마구간 같은 가슴에
미리 등 하나 내다 걸겠습니다

동 박사가 걸어왔다는
구약 같은 그 길을
끝없이 묻고 물어서야
비로소 내 앞에 다가올 그대

천 년을 다 누릴 수 있다는
단 하루뿐인 그날을 위해
마리아처럼 영생을 얻겠습니다.

친절해지기

초식동물 같은
보험영업사원의 목소리를 들으면
나의 피붙이인 누이가
더 이상 소통이 안 되는 세상을 향해
끊임없이 발신하는 것 같다

차디찬 윗목에 두고 나온 어린 동생들이
맘이 걸려 끝내 공단의 기숙사에서
청춘을 보내야 했던 큰 누이
친절은 중학교 교복을 입은 모습으로
학교교문을 부럽게 바라봤던
내 누이의 눈물겹도록 슬픈 자화상이기도 하다.

누구를 위하여

해고되어 나오는 길에
그는 가로수와 눈 마주쳤다

빈 월급봉투 같은 바람을
종일 온몸으로 맞으며
그도 거기 서 있었다

무표정한 얼굴로 보아
그는 이미 많은 것을 견딘 모습이었다
할 말은 아예 잊어버린 채
먼지 뒤집어쓰는 신작로에서
종일 마음의 공해를 감수하고 있었다

이듬해 다시 그곳을 찾았을 때
견딘 자리에 싹이 돋아나고 있었다
큰 나무를 꿈꾸는
그의 분신이 자라나고 있었다.

상사라면

밀림 속 정글 같은
직장은
어딜 가나 생존경쟁이다

조금만 발을 디뎌도
낭떠러지이고
이빨을 드러내며 사방에서 달려든다

가장인 나는 꼬리를 감춘 지 오래되었다
얼마 전부터는 아예
간과 쓸개도 다 내놓고 다닌다

상사라면
당신도 나 같은 경로를 거쳤다면
한 번 더 이해하고
푸근하게 대해주길 바란다
언제부터인가
먹이사슬에서
부하는 상사의 밥이기 때문이다.

주당

한 세상 살아가는데
무슨 안주가 필요하리

저 버드나무도 몇 잔의 봄에 취해
벌써 늘어져 있거늘
주머니는 비어있어도
마시다 보면 주량을 넘는 게
우리의 한 생 아니던가

가만히 보면 산천초목도
신이 담근
우주의 술독에 빠져 살고 있는데
한낱 미물이 어찌 맨정신으로 살리오.

와인

확,
불 질러 버릴까

지금 나는
누가 조금만 그어대도
불이 붙는다

아직은
포도주 같은 요염함으로
옆집 남자를 홀기는
이 중년의 어디에
오래 묵은 와인이 익고 있는지

가끔은 위험한 맛을 닮고 싶다.

3부 심연

김삿갓 무덤에서

바람같이 떠돌다 바람 골 누운 그대
하늘 볼 낯이 없어 까막 골짝 묻혔네

나무 그늘로 부끄러운 무덤 가리우고
운명인 듯 비석 비스듬히 울고 섰네

초라한 무덤가 그대 인생 말하는 듯
시린 소나무 바람에 소슬히 흔들리네

바람으로 왔다가 바람으로 간 그대
슬퍼 마오 아직도 풍진 세상이라네.

상심

다정히 손잡고 걷던 공원 길
긴 그림자 드리우고 나 홀로 걷네

걷다 보면 그대 생각 멀어진 듯한데
뒤돌아보면 긴 미련 벌써 쫓아와 있네

가로 등불 하나 둘 꺼져 갈수록
그리움 하나 둘 피어오르네

이생을 한 바퀴 더 돌면
너를 다시 만날 수 있을까

무너져 버린 아픈 가슴에
상실한 어둠만이 밀려오네.

슬픈 족속

해지자 얼른 꽃이 문을 닫습니다
아직 귀가하지 않은 어둠은
낮에는 외출금지입니다

열쇠를 찾기 위해
봄은 겨울부터 궁리했을 겁니다
꽃이 진자리에
흔적이 먼저 자리를 뜹니다

안녕은 다시는 만나지 못할 먼 나라의 이야기라고
엄마가 들려준 오래전의 동화입니다
쉬잇,
이건 비밀인데요
사람만 슬프게도 문을 잠군데요.

그림자

황혼녘엔
그림자가 길어지나 봅니다

무슨 미련 있는 듯
내 긴 그림자를 자꾸만 돌아봅니다

자세히 보니
그림자가 나를 보고 있었습니다

눈도 귀도 다 지워진 형체가
나를 빤히 보고 있었습니다

그새 나를 다 듣고 있었습니다.

비

비를 마셔야 이야기가 나올 것 같아
집을 나서는데 황당한 소리가 들린다
내가 잘못 들었나

비 내리는 거리에서
잠시 그를 기다렸다
아무도 말 거는 이 없었다

1번 출구로 걸어가는 동안
몇 차례 그를 또 만났다
말만 오갈 뿐 아무 일은 없었다

마음이 축축해진다는 그는
비가 내리면 말이 많아졌다.

조간신문

세상살이가 다 활자로만 보인다면
더 이상 당신을 인쇄할 필요가 없겠습니다

눈 질끈 감고
내 인생을 잘 편집해 주세요

당신을 평생 구독합니다.

찬달

문풍지 사이로
휘영청 달이 밝은 밤
나무그림자가 잠을 깨웠다

밖을 보니 온통 세상은 고요
마을 건너 개 짖는 소리만 이따금 들려왔다

안방에는 늙은 할머니와 아버지가 있고
벽이 허름한 어둠 사이로 간혹 엄마가 스쳐 지나갔다
먼 나라에서 온 듯 나 혼자 그들을 다 보고 있었다.

집 정리

아내가 집 정리를 하자
구석에 박혀있던 오래된 물건들이 얼굴을 드러낸다
아직 쓸 만한데 다 버리겠단다

혹시 나도
재활용도 되지 않는 나
시키지도 않았는데 얼른 뒤돌아서
박스들을 내어 놓았다

오늘은 아내 말을 잘 들어야 한다.

낙화落花

때 아닌데 여기저기 꽃들이 진다
젊은 꽃들이 진다

어차피 늙으면 사그라질 텐데
웬일인지 젊은 꽃들 서둘러진다

이렇게 젊은 꽃들 먼저 지면
들판의 이슬 누가 닦아 줄까

늙은 꽃들 염치없어도 져버리지 마소
철없는 젊은 것들 따라 질까 염려된다오.

젊은이에게

일용할 소주와
한 주간 행복할 복권만으로도
충분히 내일을 노래하는 그대들

이 교만함과
자유는
그대들만의 특권이려니
연꽃처럼

부디
진흙에서 꽃피우기를...

인생人生

산수유나무 위에
봄이 앉았다
아니다
봄 위에
산수유나무 앉아있다

하늘 아래
구름 떠간다
아니다
구름의 부력으로
하늘이 간다.

윤회輪廻

꽃이 가고
열매가 남았다
한생의 시작이 분주하다

저 둥근 방에서는 지금
꽃을 멀리 보내는 일과
다시 싹 틔우는 일로
우주스럽다

마악,
소쩍새도 다녀가신다.

공부

찬바람 부니
지금이 딱 다시 시작할 때다
나무도 찬물로 세수하지 않는가
서산에 해지니
지금이 다시 시작할 때다

어둠도 밑줄 긋고 밤에 열중하지 않는가
누구는 늦었다 하고
누구는 아니다 하고
돌아보니 다 스승이요
자연이 바로 교과서인 것을
꽃 한 송이, 나무 한 그루
나는 글을 다시 배운다.

초콜릿도

"아빠 초콜릿 사주세요"
아이들의 군것질은
녹을 줄도 모른다
단맛으로 성장하는 나무들

풀 한 포기 없는
편의점에서
오늘도 아빠의 체면을 한통 산다

머나먼 이국의 열매처럼
오늘은 너희가
낯설게 느껴지는구나.

상상

TV가 걸어나와
거실과
정원 밖을 시청한다
비 오는 창밖까지 들여다보며
표정 연기를 한다

이런 드라마 같은 상상이
오늘의 주제라면
난 어떤 역할로 꽃을 피울까
리허설 없이 한생을 연출하는
나는 연기력이 뛰어난 사람인지.

겨울 안개

안개에게 길을 물어본다
지금은 겨울로 가는 국도 37번

노숙자
결식아동
영양실조
해외입양
정리해고
비정규직
가정경제파탄
부익부빈익빈

힘없는 사람 밟고
세계 10대 경제 강국 올라섰나
암울한 안개 자욱하여 을씨년스럽고
길고도 어두운 터널이 눈앞에 섰다

가진 자에겐 따듯하고
안 가진 자에겐 뼛속까지 추운,
몹쓸 겨울이 서릿발 세우고 섰다.

바닷가 추억

조개는 어디로 가고 껍데기만 있는
바다는 풋사랑을 용납하지 않는다
우리 사랑처럼

당신을 진주라고 부르고 싶었다
밤하늘에 쏘아 올린 수많은 불꽃 내 마음 불 지르고
어깨에 기대어 수평선 너머 빛나던 별빛
말없이 바라보던 너는 간데없고 파도소리만…….

나란히 걷던 남쪽의 그 바다
추억만 껍데기처럼 남아
내 가슴에 파도친다 사랑아.

소나기 · 2

내가 그대에게 뭔 잘못하였기에
이리도 세차게 마음 때리십니까

유리창에 알알이 맺힌 것은
다 풀리지 않은 마음입니까

혼줄 나도록 흐르는 시냇물은
더 이상 강으로 가지 말라는
초봄의 수줍은 진달래로
한여름의 붉은 백일홍으로
저무는 가을의 노란 국화도 싫다시면
나는 너에게 무슨 꽃으로 피오리까

이 모두 싫다시면
겨울의 차가운 눈꽃으로 피오리까
나는 너에게 무슨 꽃으로 피오리까.

이름 없는 묘지 無名墓

인적 드문 이곳에 홀로 누우신 이
수풀 우거지고 세월에 무너져 내린 이곳에
비목도 없이 누우신 이 누구신지요

그대가 한때 꾸었을 긴 꿈처럼 그렇게 밤이 왔소
산속엔 그대의 한처럼 밤이 시리도록 차고
이승의 기억인양 오늘 밤은 별빛도 가물가물 하다오

이름도 버리고 고요히 누우신 이 누구신지요
주소도 없는 이곳에 누우신 이 누구신지요
이승이 별다른 듯하지만
우리도 죽음보다 싫은 삶을 붙잡고 있을 뿐이오

필연…….
그대는 이 세상 모든 이들의 미래요
그러니 먼저 그곳에 갔다고 너무 슬퍼 마오
영생할 것 같이 오늘을 붙들고 살고 있지만
우리도 언젠가는 그대처럼 긴 꿈을 꿀 것이오

산속 한 자락에 고향을 향한 듯 이름 없는 묘
세월에 가리어 흔적 없이 잊혀져 가는 묘
너무 슬퍼하지 마오
뭇 꽃들이 그대의 청춘을 기억하고
산새들이 그대의 사랑 노래 들려주고 있지 않소.

바이올리니스트

라임라이트 아래
별처럼 서 있는
하늘빛 드레스의
바이올리니스트

분주한 손가락에
울부짖는 선율

애끓는 단조
흔들리는 허공

생을 넘기듯
악보를 넘기며

가냘프지만
강하게 나를 울리는
너는
바이올리니스트.

성묘

아버지 묘소에서
음식 차리다 손이 베었다

너무 오랜만에 찾아온
혈육의 정 그리우셨나
술로 피를 씻어
묘소에 부어드렸다

세차게 바람 불고
억세게 비 내려도
생시처럼 아버지는
아들을 알아보셨다.

절개지 切開地

둔탁한 칼날이 더 무섭네
난도질하여 베어낸
산허리를 보면
그 상처를 부여잡고
산 안개 한참 들여다보네
그의 이빨 아무도 본적 없네
산은 또 하나의 산을 만드네
그 이름은 아무도 모른다네.

도사導師

밤에 산을 오르다
나와 정면충돌했다

쇄지팡이보다 더 옹골찬 언어로
내가 나에게 하는 말

마음 무거운 놈아
산이 만만하더냐

정신 번쩍 들어보니
초심이 저만 치네

오호라
나를 다 비우니
산 오르기 쉽더라.

4부 동행

기차를 탔다

기차 창밖으로
세월이 지나가고 있다

한 벌 뿐인 인생살이
다시 갈아입을 수 없는 것처럼
너무 촌스럽게
생이라는 기차에 올라탄 건 아닌지

나를 찾으러 다시 기차를 탔다
기차는 나를 데리고 어디로 가는지.

미로

지금 공원은
영하 15도

별도
달도
詩도 다 얼었다

꽝꽝 언 하늘을 본다
조금씩 날이 풀리면
하늘에서 얼음 깨지는 소리
뚜벅뚜벅 별들이 기어 나와
낯선 미로를 헤매겠지.

산시山詩

산 오르면 떠오르던 詩 한수
오늘은 왠지 떠오르지 않네

참 괘안은 장사였는데
나는 마, 산 안 내리 갈란다

산위에 내 혼 붙들어 놓고
내사 마, 산 안 내리 갈란다

달 떠오를 때까지 안 내리 갈란다
문디 같은 詩 떠오를 때까지 고마 안 내리 갈란다.

詩 쓰기

내 기억의 어두운 터널을 지나면
망각의 먼지 잔뜩 뒤집어쓰고 있는 시어들이
구석의 깊은 곳에 웅크리고 앉아있다

내가 쓰다듬어주지 못한
또 하나의 나

오늘은 7살 동구 밖에서 울고 있는
때 구정물 범벅인 나를 데리고 나왔다

엄마는 어디로 갔을까
詩 속에서
내가 나를 팔베개 해주었다.

시집 · 1

나는 시인이다

별과 꽃과 향기를 끌어모아 시집을 짓는다
그리움과 한숨, 눈물도 섞어 시집을 짓는다

벌이 숭숭 드나들고
빗물이 여기저기 새어 나와도
지붕 틈새 저 멀리 푸른 별도 보인다.

시집 · 2

시집들이 화석처럼 꽂혀있다

원시인처럼 벌거벗은 채
중간마다 문장에서는
아직도 피가 흐른다
당신의 가슴이 과녁이었다

조준한 대로
어휘를 사냥해서 돌아오는 밤
싱싱한 그것들을
익히지 않고 방부처리 한다

그렇게 언어는 영생을 얻었으리라
수세기가 흘러도
조금의 변형도 오지 않는
그 비법에 대해
시인은 입을 다문다
소문만 잉크처럼 번진다.

귀천歸天

아름다운 저기 저 산에
어여쁜 한 송이 꽃으로 돌아가자

어릴 적 즐거이 놀던 동산에
어여쁜 한 송이 꽃으로 돌아가자

험한 세상살이 한편으로는
사무치게 아름다운 세상이었다

어이야 산비탈 아슬아슬
어여쁜 한 송이 꽃 피어오른다

어이야 울리는 곡소리 맞춰
어여쁜 한 송이 꽃 피어오른다

어이야 이제 가면 언제 오려나
어여쁜 한 송이 꽃으로 돌아가자.

겨울바다

바다로 밀려가면
사람들은 내 이름을 불러줄까

호명되지 않은 기억은
어디서 실종으로 등록될까

찾다가 이곳까지 밀려 온
당신의 겨울에는 바다가 있는 걸까

짠 내음 절여진
그 싱싱한 시간들은
어디에서 삭고 있을까

달력표지 같은
저 움직이지 않는
우리의 겨울 바다.

연기

갠지스 강가에 피어오르는 연기처럼
무덤가에 한 오라기 피어오르네

이승에서 못다 한 질기디질긴 한은
숲을 쥐어 잡고 끝내 머물려 하는데

허망한 이승의 짐 모두 벗어 버리고
한 올 실오라기 미련도 없이 가세요

마지막 미련일랑 한 점 바람으로만
사랑하는 이 한번 꼭 껴안아 주고 가세요.

겨울 산

겨울 산에 올랐다
꽃들은 가고
앙상한 가지만 속내를 보이고 있었다

황혼빛에 묘석들은 경쟁하듯 빛나고
예상외 방문객은 나 외에 또 있었다

그러고 보니 아까부터
누군가 내 뒤를 쫓고 있다는 생각이 들었다

가끔 겨울 산에 오르면
뒤에서 뭐가 잡아당기는 듯
머리가 설 때가 있다

그 오래된 수수께끼를 풀기 위해
나를 버리고 산에 오른다.

이포 보에서

푸르른 강물에
진한 사랑 풀어놓고

마음껏 물들였지
가슴속 깊이
온몸에 밴
채색된 그대

이곳 이포는
아직도 흘러가는데

금빛 추억 안고
그대로 흘러가는데.

제부도

서울 근교 지나 다리 건너
도보로 십분
지도에 나와 있는
사랑의 주소를 아시나요

일찍이 대부도의 연인이 되어버려
조개보다 더 빨리 기억을 까먹는

너무 가까워
잘 보이지 않는
그대 마음 같은 섬.

등대

바닷가 절벽 위가
그의 자리입니다

애타게 불러도 오지 않을
그리움 한 척 길을 잃을지도 모르기 때문에
어둡고 차가운 밤일수록
더욱 간절합니다

훨훨 물새 되어 가고 싶지만
파도 맞으며 서 있는 이유는
오래전 그도 바다 같은 사랑 속에서
길을 잃어버렸기 때문입니다.

구로다 나쓰코 씨에게 바침

2013년 일본 신인 문학상 수상자
75세의 일본 소녀 구로다 나쓰코

한 권의 순수함을 간직한 백발노인
세월도 물러날 만큼 빛나는 의지

굳게 다문 입을
시로써 말문을 연
그대는
어느 문장보다도 아름답습니다
그대는
어느 詩보다도 강합니다

그대로 하여
시인의 참, 모습을 배우게 됩니다

그대로 하여
밉던 일본이 참 아름다워 보입니다.

산이 좋아라 · 1

인적 드문 곳에서 자라면
큰사람이 될 수 있다고
모두가 별이 되는 나무를 본다

스스로 사실을 모른 채 살아가는
나무보다 더 우거진 우리의 마음
물푸레나무가 우수수
어제는 네가 태어나고
오늘은 또 내가 태어나고.

산이 좋아라 · 2

가을 산행을 하기로 했다
저만치 산이 서 있다

가볍게 옷을 입고 먼저 길을 나선다
가을 산은
사박사박
낙엽 소리 들으며

하아, 맛있는 공기 마시며
벌거벗은 나무
벗 삼아 오르면
아무 말 안 해도 나는 좋아라
아무것 안 가져도 나는 좋아라

산이 부르면
그저 산이 좋아라.

행복

어지러운 마음 안고 산에 오른다
해발을 알 수 없는 오늘을 오른다

바람 가지
스치는 소리

잔설 녹아
내리는 소리

햇살 어깨
보듬는 소리

어느새 성큼
다가온 봄.

보름달이 뜨면

한 마리의 달이
저렇듯 환하게 뜨면
나도 모르게 동물이 된다

어둠도 킁킁거리며
오늘은 멀리 떠났다

달은 조선소나무를 지나
오래된 마을을 비추고
장독대에 올라 할머니는
구식으로 무언가를 빌고 있었다

부정 타지 말라는
주문 때문인지
그날 밤 아무 일도 일어나지 않았다.

청춘

아무래도
저 하얀 고요의 조짐이
수상하다

추울수록 몸이 끓는다는
병풍 같은 뜨락의
저 매화

서슬 퍼런 저 향기
올봄도 난 모르고 지나치겠다

청춘처럼
다 지나고서야 말하겠다.

나를 죽이기

처음엔
털을 밀었지요
내가 나를 잊어야 했거든요

네 다리로 기어서
겨우 회사에 들어갔지요

성난 이빨과 발톱은 그때부터 닳기 시작했답니다
시간은 늘 성급하게 다가왔지요
진급 앞에서 여러 번
나는 없었지요

나를 죽여야 가족이 사는
직장이라 불리는 천형天刑
자존심 집에다 걸어놓고
오늘도 참는 수행 하러 회사에 갑니다.

알짜

오랜만에 처음으로
직장 동료 만났다

퇴직 후엔 사원이든
사장이든 무슨 소용 있나

신기루만 헛된 꿈만
열심히 쫓은 게지

퇴사하면 아첨 가고
껍데기 가고 사람만 남네

소중하고 진솔한
진짜배기 사람만 남네.

달의 실루엣

밤은 둥그러지려고
필사적으로 노력했을 것이다
몇 번을 벗었다가 입으면
나중엔 감각이 없는 것처럼

혼수로 마련한 하룻밤은
아직 도착하지 않았다

여백을 숨긴 채 어둠만이 내일의 티끌들을
골라내고 있다

살짝, 꿈인지는 모르겠지만
어깨끈 흘러내리는 사랑을 본 것 같다.

[작품 해설편]

문학의 회귀성을 꿈꾸다

문학의 회귀성을 꿈꾸다

-낭만으로 얻은 영생-

연어가 돌아오는 길은 감각적으로 멀다. 떠날 때 이미 마비를 준비했기 때문이다.
오늘은 한 마리 언어를 물 위에 방생해본다. 몇 번 주먹을 쥐락펴락하며 신경이 조금씩 살아나는 것을 본다. 소금기를 빼고 생전에 다시 웃을 수 없는 웃음으로 몸까지 털어본다. 미처 준비하지 못한 이론까지 하늘이 돕는다.
그것을 감성이라 부르기에 부족하지 않다. 시를 쓰는 모습도 참으로 존귀하여 마침내 그를 낭만 시인이라 부르기로 한다. 이것이 내가 만난 박소월시인이다.
문학에 입문하는 방법은 크게 두 가지로 나눌 수 있다. 문학개론을 통해 이론으로 입문하는 방법과 또 하나는 선천적인 감성으로 자연스럽게 입문하는 방법이다. 글을 씀에 있어 이론이나 감성 그 어느 것이 더 중요하다고 말하는 것은 어패가 있을 수 있으나 필자는 후자 쪽에 더 염두를 두고 있다.
이론은 글의 설계에 가장 크게 이바지하는 반면 감성은 대본에 없는 대사를 치는 광대 같은 기질의 발휘를 말한다.
글 밀도가 꽉 찬 시를 쓸 수 있는 시인이 되는 길도 역시 한 편의 시처럼 오래 번뇌하며 찾아가야 할 창작과정임을 간과하지 말아야 할 것이다.

『청춘

아무래도
저 하얀 고요의 조짐이
수상하다

추울수록 몸이 끓는다는
병풍 같은 뜨락의
저 매화
서슬 퍼런 저 향기
올봄도 난 모르고 지나치겠다
청춘처럼
다 지나고서야 말하겠다』

-「청춘의 전문」-

詩는 도입부가 중요하다.
첫 문장의 선택으로 전체적인 색깔과 문장의 톤이 좌우되기 때문이다.
제목이 주는 끓는 감각을 시인은 탁월한 정제로 중화를 시킬 줄 알아야 한다.
이 시인의 장점은 고요의 시각을 가지고 있다는 점이다. 누가 청춘을 떠들고 다닐 수 있겠는가?
세월이 흘러 비로소 전체를 볼 수 있을 때 한 송이 매화를 바라보듯 그렇게 말할 수 있는 것이다.

『붕어빵

가난한 시절
어부도 아닌 아버지가 손쉽게 잡아오던

붕어는 본래 물고기가 아니었다
뼈대 없는 가난한 기억이었다

서울로와
살기 위해 붕어빵을 판다

어부도 아닌 아버지가

앞 냇가
그 얕은 가난 때문에
다시 붕어를 잡는다』

-「붕어빵의 전문」-

태어나서 제일 먼저 눈에 보이는 것이 무엇인지 더듬어본다. 가난을 만질 수 있다면 긴 시간의 성찰이 있었을 거라 본다.
시인이 되기 위한 첫 번째 조건은 마음의 결핍상태를 간과하지 않는 무의식일 것이다.
뼈가 부서지도록 눈앞에서 벌어지는 것을 목격한다는 것은 끝내 시인으로 성장할 수밖에 없는 운명을 도래하기도 한다.
이 가난한 축복이 그에게 밑거름이 되었을 것이다.

『누구를 위하여

해고되어 나오는 길에
그는 가로수와 눈 마주쳤다

빈 월급봉투 같은 바람을
종일 온몸으로 맞으며
그도 거기서 있었다』

-「누구를 위하여 중에서 전문」-

詩는 동일성을 원칙으로 한다.
은유의 거리는 그렇게 시작이 된다.
가로수와 가난한 가장의 거리를 마음으로 재어보니 멀지 않은 간격으로 그들이 서 있다.
시적 형상화의 시작은 나에게서부터 이다.
이 작은 기본을 섬세히 받아들여야 사물을 찬찬히 관조하는 시각이 제대로 형상이 된다.
나를 구심점으로 놓고 돌아가는 우주의 순환은 조물주의 개별적 배려이므로 그 혜택은 고요히 누리는 이들의 몫이다.

『달의 실루엣

밤은 둥그러지려고
필사적으로 노력했을 것이다

몇 번을 벗었다가 입으면
나중엔 감각이 없는 것처럼

혼수로 마련한 하룻밤은
아직 도착하지 않았다

여백을 숨긴 채 어둠만이 내일의 티끌들을
골라내고 있다
살짝, 꿈인지는 모르겠지만
어깨끈 흘러내리는 사랑을 본 것 같다』

-「달의 실루엣 전문」-

시인은 아는 만큼 보인다고 한다.
사물, 혹은 대상과의 거리에서 더 이상 도달하지 못하는 것은 번뇌해 볼 일이다.
위의 시는 시각적 이미지와 촉각적 이미지를 살린 공감각적인 시이다.
밤이 둥글어지려고 필사적인 노력이 필요했다는 그의 시각은 이미 달관이라고 말을 해도 지나치지 않는다.
마지막 행의 어깨끈 흘러내리는 사랑을 아마도 보

았을 것이다.
마지막 구절이 그의 시가 독자들에게 신뢰가 갈 것이라 믿는 부분이다.

『비

비를 마셔야 이야기가 나올 것 같아
집을 나서는데 황당한 소리가 들린다
내가 잘못 들었나
비 내리는 거리에서
잠시 그를 기다렸다
아무도 말 거는 이 없었다
1번 출구로 걸어가는 동안
몇 차례 그를 또 만났다
말만 오갈 뿐 아무 일은 없었다

마음이 축축해진다는 그는
비가 내리면 말이 많아졌다』

-「비의 전문」-

시 속에는 자연의 소재가 많이 등장한다.
나와 비슷한 연대를 가진 것은 인정하지만 우리는 자연에서 너무 멀리와 있다.
위의 시는 3연의 구조를 가지고 있다.
詩는 우연 발생적이어서 3연의 구조 또한 무위의 자연에서 출발이 된다.
우주의 구조는 아침과 점심 그리고 저녁을 원칙으로 한다. 그 시간이 가지는 의미는 다시 별도로 생각해보겠지만, 밤을 제외하고 기본적으로 3단계로 나누어진다.
시의 행은 자연스럽게 일상에 배어지게 되었다.
전체적으로 미사어구를 자제했음이 그의 시의 담백함이다. 필요 이상의 사족을 거부하고 그는 오로지 영혼을 울리는 말에 승부를 건다.
백편 가까운 그의 시가 정갈함은 이런 발상으로 사물에 접근했음이다.

『겨울산

겨울 산에 올랐다
꽃들은 가고

앙상한 가지만 속내를 보이고 있었다
황혼빛에 묘석들은 경쟁하듯 빛나고 있었다
예상외 방문객은 나 외에 또 있었다

그러고 보니 아까부터
누군가 내 뒤를 쫓고 있다는 생각이 들었다

가끔 겨울 산에 오르면
뒤에서 뭐가 잡아당기는 듯
머리가 설 때가 있다
그 오래된 수수께끼를 풀기 위해
나를 버리고 산에 오른다』

-「겨울산의 전문」-

시적 거리를 두고 서성이다 보면 이내 그것이 심미적 가시화라는 것을 발견하게 된다.
사물과 자아의 거리가 이 시대 현대인들이 유지해야 할 자연과의 거리라면 묘하게 맞아떨어지는 이 신비로운 이치를 거부해서는 안 된다.
과부하에 걸린 현대인들이 소통의 부재로 점점 고립되어갈 때 오로지 시어만이 그들의 과속에 제동을 걸 수 있다.
그 이유로 다년간 시인이 오르던 겨울 산에는 수만년 얼었다 녹기를 반복하던 어휘들이 그의 발목을 잡고 있다.
사물이 시인의 상상력에 의하여 어떻게 변형되는가는 이렇게 정신적 깊이와 관련이 있다.
왕성한 상상력의 운동성만으로 오르는 능동적인 창작성은 원고지 위에서 산이 되고 나무를 키운다.
그러므로 시인이 키우는 겨울 산은 가장 잘 심은 한 그루의 나무라고 해도 과언이 아니다.

『성묘

아버지 묘소에서
음식 차리다 손이 베었다
너무 오랜만에 찾아온
혈육의 정 그리우셨나

술로 피를 씻어
묘소에 부어드렸다

세차게 바람 불고
억세게 비 내려도
생시처럼 아버지는
아들을 알아보셨다』

- 「성묘의 전문」 -

위의 시는 전체적으로 행간의 묘를 잘 나타내고 있다. 행마다 숨어있는 절제와 천륜 간에 흐르는 부드러운 인연이 행의 사이에 피붙이처럼 끈끈하다. 오랜 습작과 낭만의 천성이 시속으로 스며 이미 이승을 떠난 망자까지 핑 돌게 한다.
모든 시는 두 사물 간의 유사성 발견으로써 더 확실하게 동일화의 욕구를 노린다.
아울러 제목과는 상반된 생동하는 시상으로 시의를 그려낼 뿐 아니라 문장의 선택이 사물이나 정감 내면의 세계의 변환을 밝혀주기도 한다.
우주는 허무를 근본에 두고 있다. 하여 시를 쓰는 특권은 현실에서의 망명뿐 아니라 무상함의 실체를 시각화하여 새로운 생명력을 창조하게 한다.

『내일

벌, 나비가 즐겨 찾고
새들이 노래하던 산수유가지
얼음조각 날카롭게 생살을 파헤친다.

노래하던 실개천은
다시 흐를 기약 없이 얼어있다.
생명의 흔적 없는
산야는 스산한데
석양은 눈물 되어 미끄러져 간다.

아, 숨 막히는 절망,
소리죽여 가며 칼바람을 견뎌내는 가지
흐르는 길을 묻는 물소리
단단히 인내하는 씨앗들
모두다 축제 같은 내일을 준비하고 있다』

-「내일의 전문」-

우주는 날마다 열리고 닫힌다. 낮과 밤이 그렇고 피고 지는 이치가 그러하다.
밀물과 썰물, 배란기의 주기, 우주는 모순의 순환

으로 만물을 생산하며 이 모순의 힘이 창조를 이룩한다.

시인이 느끼는 혼란스러움은 어쩌면 당연한 우주의 산물일지도 모른다. 한 권의 시집, 혹은 한편의 시속에는 이처럼 우주적 자아가 내재되어있어 에덴으로의 회기를 독자와 공감할 수 있도록 한다.

시에서 은유도 그 구조가 원관념과 보조관념으로 되어있다. 이 두 개의 관계는 충돌하듯 결합하고 이때 발생하는 상호 물리적 반응이 전혀 새로운 의미를 창출해내기도 한다. 내일을 절망의 언어로 승화시켜 꽃피우는 시인의 능력이 사소하지 않다.

시인이 문장에서 역력히 능력발휘를 하고 있다면 이 모든 사고의 시작은 논리나 과학이 아닌 순전히 직관과 통찰력에서 나온다는 것을 독자들은 잊지 말아야 한다.

『갈대밭

초여름 갈대밭에
소금달빛 가득하네

금빛향기 우수수

어둠이 쓸어가네
다시는 오지 않을
멀리 떠난 사람 향해
안테나 같은

초여름 청춘을
마구 쏟아내고 있네』

-「갈대밭의 전문」-

비유는 사물에 대한 새로운 인식을 가져오게 함은 물론 가장 본질에 가깝게 의미를 되살려주는 역할을 한다. 이것이 시가 살아나는 방법임을 숙지할 때 위의 시가 의미하는 갈대는 물리적 이미저리의 물상이며 동시에 부재의 상징이다.

현대시가 산문에 가까운 것은 길이의 문제가 아니다. 분량이 가지고 있는 함축의 결핍이 시에서 도출해야 할 여백으로 남기 때문이다. 행간의 전율만으로도 언어는 그 이상의 힘을 부여하므로 온전히 시는 모호성만으로도 오래 음미할 수 있다.

『초콜릿도

"아빠 초콜릿 사주세요"
아이들의 군것질은
녹을 줄도 모른다

단맛으로 성장하는 나무들
풀 한 포기 없는
편의점에서
오늘도 아빠의 체면을 한통 산다

머나먼 이국의 열매처럼
오늘은 너희가
낯설게 느껴지는구나』

-「초콜릿도 전문」-

유기체인 한 마리의 시를 생포하기까지 시인은 여러 번 빈 들판을 겨냥한다.
어느 한 곳도 상하지 않은 온전한 그 상태를 우리는 형상화라고 한다.
시적 형상화는 완성도의 최소단위이다.

시가 유기체라는 것은 완성도의 의미와 연관성을 가진다.
창작의 발상은 일상의 전환에서 시작되므로 이 작은 반란이 메마른 편의점에서 풀을 보게 한다.
아이들과 이국적 열매의 동일시는 그렇게 시작이 된다.

박소월시인의 시를 읽는 일은 시집 전체를 아우르는 진폭에 마음 놓고 흔들리는 여유를 가지게 한다. 또한, 인식적 전환이 정신적 모험에서 수반된다는 관망 이상의 것도 곁들여 보여준다.
무위와 인위의 간극을, 소멸과 생성 혹은 희극과 비극의 예문처럼 담담히 부추겨가며 낭만으로 정서를 절제하기도 한다. 궁극적으로 언어가 닿는 자리에 실존 이상의 여백이 생기고 불가사의한 한 편의 생이 그의 손에서 꽃피어난다.

그의 시는 언제나 회귀성을 목표로 한다.
그러므로 한 권의 시집 속에는 산채로 언어를 낚는 치열함의 흔적이 역력하다.
끊임없는 문학의 순환 속에서 비로소 니르바나에 이르면 봄은 여지없이 지금처럼 꽃 사태를 이루며 오고 있다.

시인이 누리는 단순함 이상의 것을 인정하면서 말이다.

한 치 앞에서 일어나는 변화와 작용에 손을 댈 수는 없지만, 질서와 혼돈을 오가며 나와의 정면충돌은 늘 그렇게 시작이 된다.

일생의 흔적이 고스란히 생성되어 시간 속에 침잠할 때까지 몇 대의 봄이 신작로로 사라져 결국 바다가 길을 내고 만 것처럼.

살다 보면 누구나 다 자기 자신이 제일 두렵다.
내가 조금씩 가벼워지는 것, 배설의 시작은 포장지를 뜯어내듯이 나를 벗겨 내는 것부터이다.

저승의 아버지가 나를 알아보고, 나무와 풀이 나를 알아본다. 이 과정이 정진이라면 자연은 외로운 수행에 가장 큰 벗들이라 했다.
진정 벗을 많이 두기를 바란다.

백여 편에 가까운 그의 詩를 만나는 동안 언어의 홍수는 잠깐 잊고 있었다.

전체적으로 함축과 압축 및 시상의 전개와 묘사는 이미 그가 오래 번뇌한 예사롭지 않은 고행자였음을 충분히 보여주고 있었기 때문이다.
그의 이런 시각이 독자는 물론 자신의 삶을 더욱 함양할 것이라 믿으며

다시 한 번 그의 시집 상재에 축하의 마음을 전한다. 아울러 문운이 함께 하기를 기원해본다.

-이상미 (한성대 평생교육원 시창작과정출강)-

영혼의 산책

인 쇄: 초판인쇄 2013년 04월 20일
인 쇄: 초판인쇄 2013년 04월 25일
지은이: 박소월
펴낸이: 윤기영
편 집: 정설연
펴낸곳: 도서출판 노트북
등 록: 제 305-2012-000048호
본 사: 서울시 동대문구 사가정로 256. 나동 비101호
전 화: 070-8887-8233 팩시밀리 02-844-5756
이메일: hdpoem55@hanmail.net

정 가: 10.000원
ISBN: 978-89-92687-41-6-03810